Título original: *There Are Mammals Everywhere*. Publicado en inglés en 2022 por Big Picture Press, un sello de Kings Road Publishing, parte de Bonnier Publishing Group
Ilustraciones, © Britta Teckentrup, 2022
Texto, © Camilla de la Bedoyere, 2022
© Andana Editorial, para esta edición
1.ª edición: diciembre, 2023
Av. Aureli Guaita Martorell, 18. 46220 Picassent (Valencia)
www.andana.net / andana@andana.net
Traducción: Antonio Díaz Pérez
Revisión: Leticia Oyola
Queda prohibida la reproducción y transmisión, total o parcial, de este libro bajo cualquier forma o medio, electrónico o mecánico, sin el permiso de los titulares del *copyright* y de la empresa editora. Todos los derechos reservados.
ISBN: 978-84-18762-98-7
Depósito legal: V-2425-2023
Impreso en China

A Astrid,
B. T.

A Otis y Tristan,
C. B.

Este libro ha sido compuesto en
Core Circus Rough y Neutraface Text.
Las ilustraciones se han creado digitalmente.

Escrito por Camilla de la Bedoyere
Editado por Isobel Boston
Diseñado por Nathalie Eyraud
Producción: Ella Holden

MAMÍFEROS
POR TODAS PARTES

ILUSTRACIONES DE BRITTA TECKENTRUP
TEXTOS DE CAMILLA DE LA BEDOYERE

HAY MAMÍFEROS POR TODAS PARTES

Los mamíferos viven en casi todos los rincones de la Tierra y presentan una asombrosa variedad de formas y tamaños. El diminuto **murciélago moscardón**, que revolotea por el bosque, es más pequeño que un pulgar. La colosal **ballena azul** nada en las profundidades marinas y, con sus más de 30 metros de longitud, es el animal más grande que jamás haya existido. Vivan donde vivan y tengan el tamaño que tengan, todas las crías de mamífero se alimentan de leche materna.

¡Algunos de estos mamíferos ostentan récords! ¿Qué mamífero crees que es el más letal para el ser humano? ¿Puedes encontrar además el mamífero con el mejor sentido del olfato? ¿Y el más rápido en distancias largas? ¿Y el que desprende el olor más desagradable?

¡ES UN MAMÍFERO! (¿Y ESO QUÉ ES?)

Existen casi 6000 especies de mamíferos en la actualidad. Aunque los mamíferos puedan parecer muy diferentes por fuera, todos tienen un esqueleto óseo que les permite realizar una amplia gama de movimientos. Algunos mamíferos tienen cuatro patas y una cola. Otros caminan sobre dos patas, tienen dos alas con las que vuelan o tienen aletas.

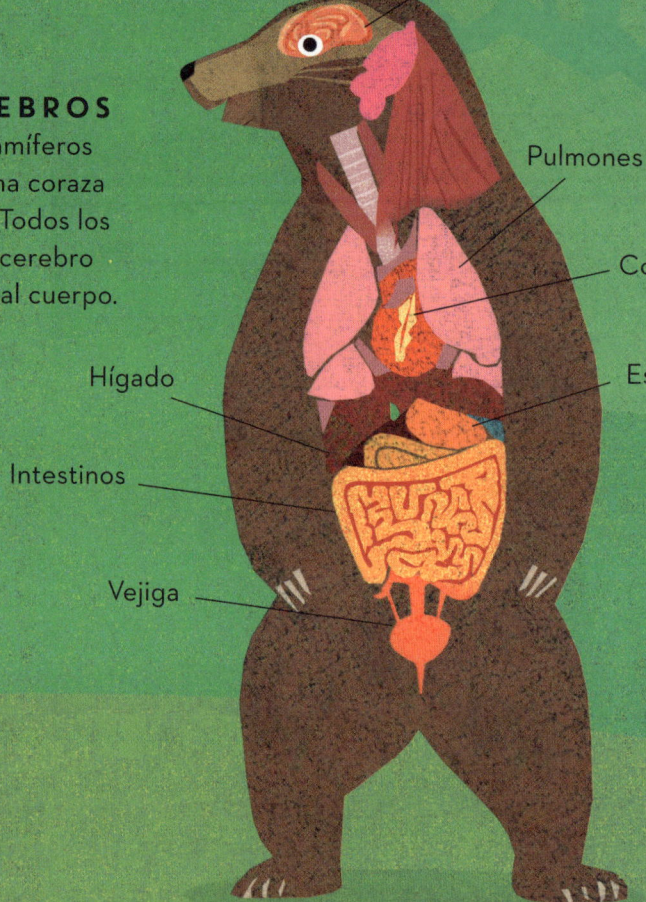

GRANDES CEREBROS
El cerebro de los mamíferos está protegido por una coraza ósea llamada **cráneo**. Todos los mamíferos tienen el cerebro grande en proporción al cuerpo.

AIRE PARA RESPIRAR
Todos los mamíferos, incluso los que viven en el agua, utilizan los pulmones para respirar aire. El aire llega a los pulmones a través de la nariz o la boca, y los pulmones absorben el **oxígeno** que transporta. El oxígeno pasa a los **vasos sanguíneos**, y el **corazón** bombea la sangre por todo el cuerpo.

OSTENTADORES DE RÉCORDS

Puede que la **rata negra** no parezca mortal, pero es el mamífero más peligroso para el ser humano, ya que propaga enfermedades a través de, por ejemplo, intoxicaciones alimentarias y plagas.

Todo el mundo sabe que los perros tienen un olfato magnífico, pero es el hocico del **oso polar** el que bate todos los récords: ¡puede llegar a seguir el rastro de las **focas** por el hielo a más de 60 kilómetros!

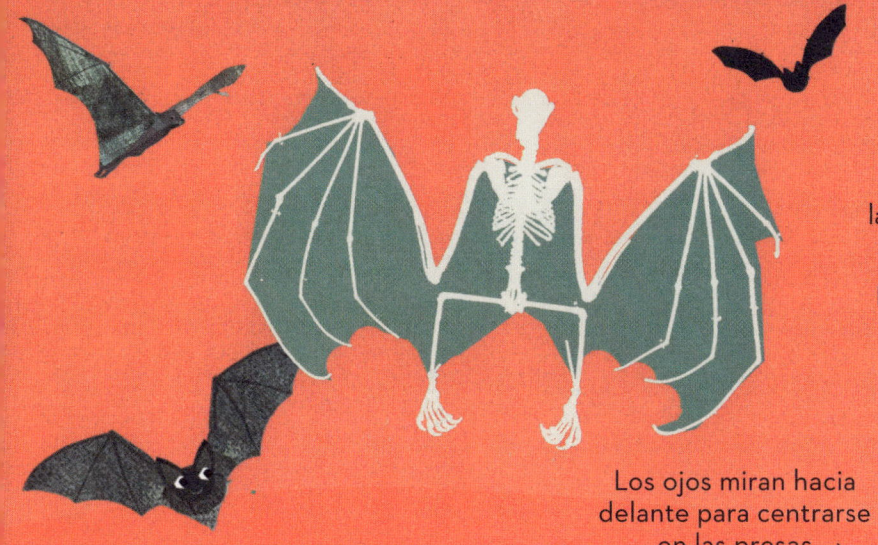

MURCIÉLAGOS

El **murciélago** es el único mamífero que tiene alas y puede volar. Las alas están formadas por unas grandes láminas de piel coriácea que se extienden entre los largos y delgados huesos de las extremidades delanteras y las patas. Los murciélagos más grandes que existen pueden tener una envergadura de más de 150 centímetros.

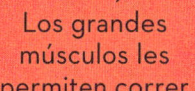

La columna vertebral es larga y flexible

El pelaje suele tener manchas o rayas que sirven de **camuflaje**

Los ojos miran hacia delante para centrarse en las presas

GATOS

Los miembros de la familia del **gato** tienen un cuerpo fuerte y flexible que les permite correr, trepar y saltar. Tienen unas patas potentes, poseen garras en los pies y sus mandíbulas están recubiertas de afilados dientes. La larga cola les ayuda a mantener el equilibrio mientras acechan con sigilo a sus presas.

Los grandes músculos les permiten correr

Las garras les permiten agarrarse al suelo y a la corteza de los árboles

LAS FOCAS

La **foca**, el **león marino** y la **morsa** pertenecen a un grupo de mamíferos llamados **pinnípedos**. Viven en el agua, por lo que tienen aletas y una fuerte cola para bucear y nadar. Los pinnípedos tienen una gruesa capa de grasa bajo la piel para conservar el calor en los fríos mares. Algunos tienen el cuerpo peludo, mientras que otros presentan la piel lisa y bigotes en el hocico.

El mamífero más rápido en distancias largas es el **berrendo**: puede mantener una velocidad máxima de 56 kilómetros por hora durante una hora antes de tener que descansar.

Aunque hay muchos mamíferos que desprenden olores nauseabundos para ahuyentar a otros animales, es probable que no puedan superar la pestilencia de la **zorrilla común**. ¡Lanza por el trasero un líquido ardiente que huele tan mal que hasta los leones salen por patas cuando ven una cerca!

LOS MAMÍFEROS LLEVAN AQUÍ MUCHO TIEMPO

HACE 210 MILLONES DE AÑOS

El **Morganucodon** fue uno de los primeros mamíferos que existieron. Era una criatura pequeña y peluda que se alimentaba de insectos.

Los mamíferos llevan existiendo muchísimo tiempo. Los primeros mamíferos se parecían a la **musaraña**, que es un animal diminuto similar al **ratón** y con un hocico largo y bigotudo. Vivieron hace unos 210 millones de años, cuando los **dinosaurios** caminaban por la Tierra, ¡y ninguno de ellos fue mucho más grande que un **gato**! Cuando los dinosaurios se extinguieron, los mamíferos empezaron a cambiar y a evolucionar hasta dar lugar a la gran variedad de criaturas que existen hoy en día.

Hace dos millones de años, nuestros antepasados humanos se habrían mantenido a una distancia prudencial de este gigantesco rinoceronte. Aunque el **Elasmotherium** era herbívoro, tenía un enorme y temible cuerno en la cabeza.

Con sus impresionantes 3 metros de altura, el poderoso **Gigantopithecus** fue uno de los mamíferos más altos que han existido. Este simio gigantesco vivió en los bosques cálidos de hace un millón de años.

El **Megatherium** medía nada más y nada menos que 6 metros de largo. Este gigantesco perezoso vivió hace 10 000 años y utilizaba sus largas garras para coger las hojas de los árboles.

El **Eomaia** vivió hace 125 millones de años. Fue un mamífero con un largo hocico y medía 10 centímetros. Las crías crecían dentro de la madre, como sucede con los mamíferos modernos.

Los primeros caballos eran del tamaño de un gato y comían hojas en lugar de pasto. El **Sifrhippus** vivió hace unos 50 millones de años, cuando el mundo era mucho más cálido que hoy.

Los monos y los simios evolucionaron a partir de animales como el **Apidium**, que vivió hace 30 millones de años. Este animal saltaba de rama en rama y comía frutas y flores, igual que muchos de sus parientes modernos.

Las primeras ballenas vivieron hace 40 millones de años en tierra firme, ¡no en el mar! Es probable que el **Pakicetus** se pasara la mayor parte del tiempo cazando en tierra y que, de vez en cuando, se adentrase en aguas poco profundas en busca de peces para comer.

El **mamut lanudo** tenía un pelaje largo y greñudo que le permitió mantenerse caliente durante la última glaciación. Se extinguió hace unos 5000 años, cuando subieron las temperaturas.

El animal terrestre más alto que existe en la actualidad es la **jirafa**. Puede alcanzar los 5 metros de altura y utiliza su largo cuello para llegar hasta las hojas más jugosas que hay en lo alto de los árboles.

¿QUÉ TIENEN DE ESPECIAL LOS MAMÍFEROS?

Los mamíferos son un grupo de animales muy amplio y exitoso. Han logrado extenderse por todo el mundo y sobrevivir en todo tipo de hábitats porque tienen unos recursos impresionantes para mantenerse calientes, alimentar a sus crías y conseguir alimento.

SANGRE CALIENTE

Los mamíferos son animales de **sangre caliente**, lo que significa que pueden controlar su temperatura corporal. Esto les permite mantenerse calientes aunque haga frío o vivan en aguas frías. Además, pueden refrescarse cuando tienen demasiado calor. Para hacerlo, suelen sudar o jadear. ¡El elefante africano se abanica con sus enormes orejas para refrescarse!

GRANDES CEREBROS

Muchos mamíferos son animales inteligentes que pueden jugar, aprender y solucionar problemas. Esto les ayuda a desarrollar las habilidades que necesitan para mantenerse a salvo de los depredadores y encontrar alimento.

PELAJE

El pelo que les crece en la piel a los mamíferos da lugar a una gruesa capa de pelaje que tiene muchos usos. Además de mantener caliente al mamífero, los colores y dibujos del pelaje pueden servirle de **camuflaje** para esconderse de los depredadores.

LAS CRÍAS Y LA LECHE

Casi todos los mamíferos nacen del vientre de su madre (muy pocos lo hacen del huevo) y cuando son crías se alimentan con la leche que esta produce en una parte especial de su cuerpo llamada **glándulas mamarias**. La leche es el alimento perfecto para las crías y las protege de enfermedades.

LAS NUTRIAS MARINAS

Las nutrias marinas habitan en el océano Pacífico. Su hábitat favorito es el fondo marino de quelpos (o algas laminarias), que es donde crece el alga más grande y de más rápido crecimiento del mundo. Estas nutrias bucean bajo las olas en busca de moluscos, crustáceos y peces que comer.

¡La nutria marina tiene la increíble cantidad de 125 000 pelos por cada centímetro cuadrado de piel! Estos pelos son muy finos y atrapan el aire entre cada mechón. Este aire forma una especie de manta gruesa e impermeable que mantiene caliente a la nutria. También funciona a modo de salvavidas, ya que la ayuda a flotar.

La hembra de nutria marina da a luz una **cría** cada vez. Cuando la madre se pone a flotar en el agua, apoya su cría sobre el vientre.

3. La nutria marina se pone a flotar de espaldas y se apoya la piedra en el vientre. Después golpea con ella el molusco o el crustáceo hasta que lo abre.

2. Como hay moluscos y crustáceos muy duros, la nutria coge también piedras del fondo marino y se las lleva a la superficie.

1. Esta hambrienta **nutria marina** utiliza las patas, parecidas a manos, para recoger **erizos de mar** de los **quelpos**, o moluscos, como las **almejas**, del fondo marino.

¿LOS ENCUENTRAS?
El **erizo de mar** es un animal de largas púas que se come los enormes quelpos y daña el hábitat de la nutria marina. ¿Cuántos erizos de mar puedes ver «pastar» entre las grandes hojas de las algas?

¿DÓNDE VIVEN LOS MAMÍFEROS?

Casi todas las especies de mamíferos (en torno al 98 %) viven en tierra. Sin embargo, hay ciertos grupos de mamíferos que se pasan la mayor parte de la vida, o toda, en el agua. Entre estos se encuentran los **pinnípedos**, las **ballenas** y los **delfines**. Existen otros grupos de mamíferos que, aunque son excelentes nadadores y pasan mucho tiempo en el agua, prefieren quedarse en tierra cuando dan a luz o cuidan a sus crías.

LAS BALLENAS

Las **ballenas** están adaptadas a la perfección a la vida en los mares. Tienen la piel lisa y el cuerpo en forma de torpedo, lo que les permite deslizarse con facilidad por el agua. Tienen **aletas** en lugar de patas y respiran mediante un espiráculo situado en la parte superior de la cabeza.

La hembra de la ballena da a luz en el mar. Las crías, llamadas **ballenatos**, se quedan cerca de su madre hasta que crecen y aprenden a buscar alimento.

Las crías de **ballena azul** son enormes y crecen mil veces más rápido que los bebés humanos.

LOS CASTORES

Los **castores** pertenecen a un grupo de mamíferos llamados **roedores**, los cuales tienen unos dientes delanteros superfuertes. Estos dientes les permiten roer árboles y ramas y utilizar la madera que obtienen para construir sus casas en medio de estanques o ríos con poco caudal.

Las casas que hacen los castores contienen habitaciones a las que llamamos **cámaras** y en las que los más jóvenes se refugian de los depredadores.

Los castores son buenos nadadores. Recorren túneles bajo el agua para llegar a su hogar, donde pueden mantenerse a salvo y calientes durante los largos y fríos inviernos.

¿LO ENCUENTRAS?
Hay animales, como la **rata topera**, a los que les gusta acampar en las casas de los castores. ¿Puedes encontrar uno de estos pequeños y peludos roedores de larga cola?

LA TUNDRA

La tierra que rodea el Ártico se llama **tundra** y es famosa por sus nevascas y sus borrascosos vientos. Es un lugar en el que vivir es difícil (a menos que puedas acurrucarte dentro de tu propio abrigo de piel supergruesa). El **buey almizclero** tiene un pelo que casi le llega a los dedos de los pies y se acurruca junto a otros para disfrutar de un poco de calor corporal.

LOS BOSQUES

Los bosques tropicales están repletos de altos árboles que florecen todo el año y producen abundante fruta para cualquier animal que pueda llegar hasta ella. El **orangután** se pasa casi toda la vida en las ramas, donde usa sus fuertes brazos para trepar de árbol en árbol en busca de la fruta a medida que esta madura.

LOS DESIERTOS

Los desiertos son hábitats muy secos y con temperaturas extremas. Para sobrevivir en el desierto, el **camello bactriano** almacena alimentos y agua en forma de grasa en el interior de sus dos **jorobas** o gibas. Le crece un pelaje espeso y greñudo en el gélido invierno y lo muda en los calurosos meses de verano.

LAS CUEVAS

Muchas especies de murciélago se congregan en cuevas en grandes grupos llamados **colonias**. Se pasan el día colgados boca abajo del techo para descansar y salen a cazar por la noche. ¡Existen cuevas que pueden albergar más de cinco millones de murciélagos!

LA SABANA

Cuando el sol se pone sobre la pradera africana, los mamíferos se congregan en torno a las pozas para aprovechar al máximo las temperaturas más frescas. Este hábitat se denomina **sabana** y es el hogar de muchas manadas de mamíferos herbívoros y de los **depredadores** que los cazan.

El **rinoceronte negro** africano, excepto por algunos pelos que le brotan de la cabeza y por los mechones de la cola, que utiliza para espantar las moscas, parece que está calvo. A este enorme mamífero le gusta revolcarse en el barro, que le refresca y, al secarse, se convierte en una gruesa capa que le protege la piel como si fuera crema solar.

El **antílope** se parece al ciervo, pero está más emparentado con la familia de los bovinos (de la que forma parte la vaca). El estómago del antílope tiene cuatro **cámaras**, las cuales le ayudan a digerir la dura hierba de la sabana.

Uno de los mamíferos más peculiares de la sabana es el **cerdo hormiguero**. Es uno de los animales que más rápido excava del mundo y rara vez se le ve, salvo de noche, cuando sale de su madriguera para darse un festín de **hormigas** y **termitas**.

El **jabalí verrugoso** es una especie de cerdo de patas largas que corre por la sabana con una hilera de crías trotándole detrás. Estos jabalíes crían a sus pequeños en madrigueras excavadas por **cerdos hormigueros**.

¿LA ENCUENTRAS?
La **jirafa** es un animal de la sabana, aunque cuando está pastando entre las hojas puede costar verla. ¿Ves la cabeza de jirafa que asoma entre unos árboles?

Los grupos de **hienas** se denominan **clanes** y están liderados por una hembra. Las hienas son hábiles cazadoras e incluso atacan a grandes animales, como **elefantes** y **búfalos**.

Las familias de **leones** se conocen como **manadas**. Las leonas de la manada trabajan en equipo para cazar **antílopes** y **cebras** mientras el macho se queda con los cachorros, donde descansa a la sombra de una acacia.

Al **hipopótamo** le encanta revolcarse en el agua durante el caluroso día, pero por la noche se va a tierra firme para comer hierba.

Los animales más pequeños de la sabana deben estar alerta en todo momento. La **suricata** se esconde en madrigueras subterráneas y se coloca sobre montículos para detectar **serpientes** y otros depredadores.

La **cebra** pertenece a la familia del caballo y vive en grandes manadas que se alimentan juntas y vigilan que no se les acerquen depredadores. El pelaje rayado de la cebra puede confundir a los depredadores cuando la manada se aleja al galope.

LA SUPERVIVENCIA

El pelaje es un recubrimiento muy útil. Además de abrigar a los mamíferos y protegerles su suave piel, también puede presentar todo tipo de colores y dibujos. Estos colores, rayas, manchas y puntos pueden servirle al animal para camuflarse; es decir, para esconderse tanto de los **depredadores** como de las **presas**.

PRESUMIDOS

En algunos lugares nevados, como el Ártico y las cimas de las montañas, hay muchos mamíferos que tienen un pelaje blanco que les ayuda a **camuflarse** en invierno. Cuando llega el verano, a algunos se les pone marrón o gris, lo que les sirve para ocultarse entre las piedras y las plantas.

¿LOS ENCUENTRAS?

En esta escena ártica se esconden seis mamíferos. ¿Los ves a todos?

MAESTROS DE LA SUPERVIVENCIA

ESCAMAS

El blando cuerpo del **pangolín chino** está protegido por una armadura de escamas superpuestas. Aunque el vientre y la garganta no estás cubiertos de escamas, estas partes quedan ocultas cuando el pangolín se enrolla y se hace una bola, lo que dificulta que lo ataquen.

CUERNOS

El **búfalo africano** es una enorme y poderosa bestia. Si un **león** ataca a una manada de búfalos, estos forman un círculo alrededor de los miembros más jóvenes y usan sus cuernos para defenderse. Los poderosos cuernos del búfalo pueden atravesar con facilidad la piel del león.

ESPINAS

Las espinas del **puercoespín** son en realidad unos pelos afilados y rígidos llamados **púas**. El puercoespín norteamericano tiene 300 000 púas, y cada una de ellas tiene unos 700 **pinchos** diminutos cerca de la punta. Estos pinchos se clavan en la carne del atacante y hacen que sea muy doloroso quitarse las púas.

HACERSE UNA CASA

El minúsculo **ratón espiguero** es presa fácil de **aves**, **serpientes** y otros mamíferos. Construye nidos de paja, elevados sobre el suelo, donde puede esconder a sus crías de los depredadores. Estos nidos tienen forma de bola hueca y están sujetos a juncos o tallos altos de hierba.

VENENO

Antes de que el **loris perezoso** hembra deje a su cría para buscar comida, ¡le da un lametón! La madre posee unas glándulas especiales en los codos que rezuman un veneno tóxico que huele mal, y ella lo lame y lo esparce por su cría. Así los depredadores se lo piensan dos veces antes de atacarla.

LA ALIMENTACIÓN

Una de las razones por las que los mamíferos son un grupo de animales tan exitoso es porque han desarrollado formas increíbles de localizar y comer todo tipo de alimentos, ¡desde **hormigas** hasta **cebras**!

LOS SENTIDOS

Cuando un animal quiere comer, se tiene que buscar el alimento. Los mamíferos poseen unos magníficos **sentidos**, como la vista, el oído y el olfato, que resultan perfectos para buscar diversas fuentes de alimento.

Cuando un **topo de nariz estrellada** está a la caza de jugosos **gusanos** o **caracoles**, mueve los blandos y carnosos 22 tentáculos que tiene en el hocico. Estos tentáculos detectan el olor y el movimiento de otras criaturas.

¡Los ojos del **tarsero** son más grandes que su cerebro! Como caza de noche, este animal necesita tener unos ojos grandes con los que captar la mayor cantidad de luz posible en la oscura selva tropical.

Las orejas grandes son idóneas para «atrapar» sonidos y dirigirlos al **tímpano** de los mamíferos, donde este los convierte en señales que pasan al cerebro. El **fénec** utiliza sus enormes orejas para escuchar los sonidos de los animales que se mueven bajo la arena.

Cuando el **delfín** nada, emite unos chasquidos que viajan por el agua e impactan en el cuerpo de los peces que haya cerca. Estos sonidos rebotan en el delfín y le dan información sobre el tamaño y la posición de los peces. Este maravilloso sistema para buscar alimento se llama **ecolocalización** y también lo utilizan muchos **murciélagos**.

LOS DIENTES

Los mamíferos que siguen una dieta basada en carne se denominan **carnívoros** y cuentan con dientes adecuados para perforar, desgarrar y cortar. Los **herbívoros** son animales que se alimentan de plantas y poseen dientes con la forma idónea para cortar hojas y tallos y triturarlos hasta convertirlos en una papilla fácil de tragar.

El **tigre** tiene unos dientes largos como dagas para clavárselos a sus presas. Se llaman **colmillos**, o **dientes caninos**, y pueden ser tan largos como un dedo de persona adulta. Este animal tiene además **dientes carnasiales**, que están en los laterales de las mandíbulas y encajan como las hojas de unas tijeras, para cortar trozos de carne.

La **oveja** come sobre todo hierba, por lo que necesita **incisivos pequeños** y afilados en la parte delantera de la mandíbula para poder cortar estas resistentes plantas. Los grandes dientes que tiene en la parte posterior se denominan **molares** y presentan unas rugosidades que la ayudan a triturar la hierba.

DESDENTADOS

Aunque la mayoría de los mamíferos tienen dientes, el **oso hormiguero**, el **ornitorrinco** y algunas **ballenas** carecen de ellos.

Aunque la mayoría de las **ballenas** tienen dientes en forma de cono con los que capturan **peces** y **calamares**, la **ballena barbada** posee unas láminas en forma de tamiz llamadas **barbas**. Cuando la ballena traga agua, las barbas funcionan como un colador en el que se quedan atrapadas pequeñas criaturas, como las **gambas**.

El **oso hormiguero** utiliza su excelente olfato para localizar hormigueros y termiteros. Cuando encuentra uno, lo abre con sus largas garras curvadas y luego saca los insectos con su larguísima y pegajosa lengua. ¡Puede devorar 35 000 bichos en un día!

El **ornitorrinco** es uno de los mamíferos más peculiares del mundo. Tiene un hocico en forma de pico con el que detecta las señales eléctricas que emiten sus presas en el agua.

EL MOVIMIENTO

Cuando amanece en la selva asiática y la luz del sol da en las altas copas de los árboles, se oyen dos sonidos característicos: el del canturreo y el del ajetreo. ¡Son los **gibones**, que se han despertado y se han puesto en marcha!

El **gibón** es un tipo de mono sin cola; es decir, un **simio**. Del gibón se dice con razón que es el rey del columpio, ya que es un simio que puede correr por los árboles y balancearse de rama en rama. Este animal además puede cubrir distancias de hasta 10 metros de un salto.

Cuando se desplaza por la selva, el gibón utiliza las manos para agarrarse a las ramas y balancea el cuerpo para ir de un árbol a otro. A este tipo de movimiento lo llamamos **braquiación**.

¿LA ENCUENTRAS?
Los gibones levantan el campamento cuando hay depredadores cerca. ¿Ves el **águila milana** que está acechando en la selva?

1. Tras agarrarse con fuerza a la rama con una mano, el gibón balancea su cuerpo para tomar impulso.

2. El gibón extiende entonces el otro brazo.

3. Una vez que el gibón está agarrado con las dos manos, extiende el primer brazo hacia delante.

Cuando los gibones quieren hablar entre ellos, entonan canciones que resuenan por toda la selva. Sus «bellos duetos» de amor, interpretados por un macho y una hembra, suenan como espeluznantes gritos y lamentos.

4. Cuando el gibón quiere detenerse, se agarra con un pie a una rama más baja para estabilizar el cuerpo.

OSTENTADORES DE RÉCORDS

El corredor más rápido en distancias cortas es el **guepardo**. Alcanza velocidades máximas de 87 kilómetros por hora cuando caza **antílopes**, aunque solo puede correr durante unos 60 segundos antes de calentarse demasiado. La larga cola del guepardo le ayuda a mantener el equilibrio en las curvas. Además, se agarra al suelo con las garras, que funcionan como los tacos de las zapatillas de los atletas.

Ser un saltarín es una forma sorprendentemente buena de moverse a gran velocidad... ¡y de escapar del peligro! El **canguro rojo** puede recorrer hasta 12 metros de un salto y saltar por encima de vallas de 3 metros.

PADRES Y MADRES MAMÍFEROS

La mayoría de las madres mamíferas mantienen a sus crías dentro del cuerpo mientras se desarrollan, excepto dos grupos muy extraños: los **monotremas**, que ponen huevos, y los **marsupiales**, que llevan a sus crías en el marsupio.

MAMÍFEROS OVÍPAROS
Solo existen cinco especies de mamíferos que ponen huevos: cuatro de ellas son de **equidnas** y la otra es el **ornitorrinco**.

Los **equidnas** pueden llegar a medir 100 centímetros de largo. Tienen las patas cortas, un hocico largo y ojos diminutos, y les crecen espinas entre los mechones de pelo. Algunos equidnas ponen un único huevo en una **madriguera**, mientras que otros lo guardan en un **marsupio**.

MAMÍFEROS CON MARSUPIO
Existen unas 300 especies de **marsupiales** y, al igual que los **monotremas**, muchas de ellas viven en Australia o sus alrededores. Lo **koalas**, los **canguros**, los **quoles**, los **uómbats** y las **zarigüeyas** son tipos de marsupiales.

Las crías de canguro permanecen en la **bolsa** de su madre durante varios meses mientras crecen, ¡aunque pueden salir de vez en cuando para estirarse!

Las madres canguro dan a luz a unas diminutas crías que a menudo no son más grandes que una gominola. La cría debe abrirse camino hasta el **marsupio** de la madre, donde se agarra a un **pezón** y mama la leche materna.

HABILIDADES DE CRIANZA: EL LOBO GRIS

El **lobo gris** vive en grandes grupos familiares llamados **manadas**. Los líderes de cada manada son el **macho alfa** y la **hembra alfa**.

En **primavera**, la hembra alfa elige un macho con el que aparearse. Los miembros de la pareja se acarician, se tocan la nariz y se acicalan el pelo. Los lobos forman un estrecho vínculo que dura toda la vida.

El embarazo de la hembra alfa dura unos **60 días**, tiempo que aprovecha para cavar un **cubil** donde esconderá a sus **cachorros**. Durante el embarazo, en el **útero** de la madre crecen de cuatro a seis crías.

Cuando tienen **siete meses**, los juguetones cachorros pueden unirse a la manada cuando va de caza. Al hacerlo, observan a los adultos para aprender a localizar, perseguir y matar presas.

Los cachorros nacen ciegos y sordos, pero tienen buen olfato. Aunque la madre los alimenta con su leche, otras hembras de la manada también pueden producir leche y encargarse de amamantarlos cuando la madre quiere descansar.

Cuando los cachorros tienen **cuatro semanas**, ya se atreven a salir del cubil y explorar. Para entonces, ya tienen dientes y pueden empezar a comer carne.

Toda la manada ayuda a cuidar de los cachorros, e incluso se hacen cargo de ellos cuando los lobos alfa salen de caza.

LOS ELEFANTES DE MALI

En las calurosas tierras desérticas de Mali, en África, las familias de **elefantes** emprenden cada año un épico viaje en busca de comida y agua. La única forma de sobrevivir en este hábitat tan hostil es trabajando en equipo y cuidándose unos a otros.

Al principio de la **estación seca**, manadas de elefantes deambulan por las marismas que hay al sur de Tombuctú. Allí, que es donde las arenas del desierto empiezan a extenderse por la tierra, hay agua y algunos árboles pequeños.

Las crías de elefante se tumban en el barro para refrescarse. Del cuidado de las crías se encargan sus madres, tías, primos, primas, hermanos y hermanas. Acarician a la cría o le dan un toque con la trompa si se aleja demasiado de la seguridad de la manada.

Como hace tiempo que no llueve, la tierra y las plantas están secas. Es hora de que la manada se vaya al oeste. Así, emprenden un viaje de unos 500 kilómetros, buena parte de ellos bajo un calor abrasador y con repentinas tormentas de arena.

Cuando termine la estación de lluvias, los elefantes continuarán su ruta circular y regresarán a las marismas del norte.

A la elefanta que lidera la manada se la conoce como **matriarca**. Se trata de una anciana que recuerda la ruta que debe seguirse y que sabe cómo buscar agua escudriñando el cielo en busca de señales de nubes de lluvia.

Los elefantes llegan al lago Banzena, donde descansan a la sombra de los árboles mientras esperan el comienzo de la estación lluviosa. Para comunicarse, emiten unos sonidos graves y estruendosos que recorren largas distancias a través del suelo. ¡Los elefantes perciben y oyen estos sonidos a través de los pies!

¿LOS ENCUENTRAS?

Los elefantes producen mucha caca o **estiércol**. El **escarabajo pelotero** recoge el estiércol, hace bolas con él y deposita en ellas sus huevos. Cuando estos eclosionan, las **larvas** se comen el estiércol. ¿Cuántos escarabajos peloteros ves?

Las nubes grises en el horizonte les indican a los elefantes que está lloviendo en el sur y que comienza la siguiente etapa de su viaje. Como su ruta tradicional los lleva a través de aldeas que se han construido en la zona, ahora deben caminar aún más para evitar a los aldeanos.

Por último, la manada llega a las exuberantes praderas de Boni. La **estación lluviosa** ha hecho que reverdezca la tierra y las plantas broten por doquier. Las pozas vuelven a estar llenas, y los elefantes pueden jugar juntos en el agua, donde disfrutan de un merecido descanso.

Para no morir de sed o de hambre, los elefantes tienen que viajar deprisa para alcanzar las lluvias. Los elefantes jóvenes reciben la ayuda de sus familiares, que les permiten descansar a la sombra de sus grandes cuerpos.

MAMÍFEROS Y PERSONAS

La vida de los mamíferos ha estado entrelazada con la del ser humano desde los tiempos más remotos. El ser humano lleva miles de años cazando mamíferos para obtener su carne, su piel y su pelo. Los **bovinos**, los **camellos**, las **llamas** y los **caballos** se han utilizado para arar la tierra o transportar personas y mercancías por todo el planeta.

LAS PERSONAS Y SUS MASCOTAS

¡Es probable que el **gato** salvaje se haya **domesticado** hace más de 10 000 años! Los primeros parientes del **perro** vivieron entre los humanos incluso antes, cuando se utilizaban **lobos** en las partidas de caza durante la última glaciación. Hoy en día, el perro y el gato siguen siendo compañeros muy apreciados.

MAMÍFEROS QUE TRABAJAN

Algunos mamíferos han sido adiestrados para desempeñar tareas importantes. Los **perros guía** ayudan a las personas que no pueden ver ni oír o que tienen dificultades para moverse. Se han adiestrado **ratas** que olfatean bombas en zonas de guerra y **ratones** que han aprendido a detectar drogas peligrosas en los aeropuertos.

MITOS Y LEYENDAS

En todo el mundo hay historias que tienen mamíferos como protagonistas. Entre estos están los **caballos** alados, como el **Pegaso** de los mitos griegos. En algunas religiones del mundo se venera a mamíferos, como los **bovinos**, los **osos** y los **elefantes**, y se les rinde homenaje en festividades y ceremonias.

EL SER HUMANO TAMBIÉN ES UN MAMÍFERO

Los humanos pertenecemos al grupo de mamíferos llamados **primates**, del que también forman parte los **monos** y los **simios**. ¡Nos parecemos a nuestros primos primates en muchos aspectos!

Los **monos** y los **simios**, al igual que los humanos, tienen manos y las utilizan para agarrar, sujetar, lanzar y recoger objetos pequeños. El **chimpancé** mete palos en los termiteros y luego los saca para comerse los bichos.

MAMÍFEROS EN PELIGRO

Aunque los mamíferos son una parte esencial del mundo natural, corren más peligro que nunca. En los tiempos modernos ya se han **extinguido** 85 especies de mamíferos, y casi una cuarta parte de todas las especies de mamíferos están en peligro.

Es posible que queden menos de 10 **vaquitas marinas** en el mundo. Estas raras marsopas se han extinguido debido a la **contaminación** y a las redes de pesca. Se espera poder salvar a las últimas antes de que sea demasiado tarde.

No se ha visto un **órix de cuernos de cimitarra** salvaje en su hábitat desértico desde 1988. Estas majestuosas bestias fueron objeto de caza por sus cuernos y ahora se mantienen a salvo detrás de vallas. Esperemos que algún día puedan volver a su hábitat natural.

El **tití cabeciblanco** vive en los bosques de Sudamérica y se cree que solo quedan 2000 ejemplares. En el pasado se vendían como mascotas, y su hábitat ha sido eliminado para construir en él viviendas para personas. Los científicos y la población local están realizando esfuerzos por salvarlos.

Las menguantes selvas de Sumatra, una isla del Sudeste Asiático, albergan menos de 80 **rinocerontes**. Su hábitat se ha talado para construir granjas y se les ha cazado por sus cuernos. Los últimos rinocerontes de Sumatra están a salvo y protegidos de los cazadores.

La infancia humana es una época de juego y aprendizaje. La del **orangután** dura unos siete años, tiempo durante el que la madre cuida de su cría y le enseña a buscar los mejores frutos para comer.

Los primates son expertos en comunicarse. Además de usar sonidos para hablar, también expresan con la cara cómo se sienten. El **chimpancé** hace pucheros y gimotea cuando se siente infeliz, y cuando está contento esboza una sonrisa especial que hace que se le vean los dientes inferiores.